Sicher zum Grundwortschatz

1. Schuljahr
Neubearbeitung

von
Günter Gramsamer
Franz Holzner

Ernst Klett Grundschulverlag
Leipzig Stuttgart Düsseldorf

Grafik: Katrin Freudenberger

9 783122 111120

1. Auflage A 1 5 4 3 | 2005 2004 2003

Redaktion: K.W. Walther
Herstellung: Edmund Hornung
Druck: Gutmann + Co. GmbH, 74388 Talheim
ISBN 3-12-211112-8

Inhalt

Was wächst hier alles?

Diese Wörter lernst du schreiben.

Apfel Baum
Blume Gras
Birne Busch
Garten Ast

1 Erzähle von einem Garten, den du kennst.

2 Zu welchem Bild gehören die neuen Wörter?
Trage sie richtig ein.

die 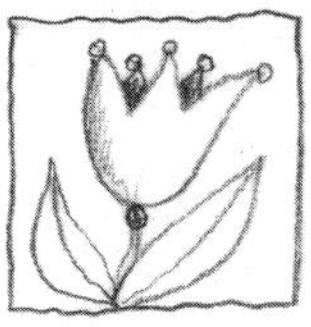 der  der  der 

die  das 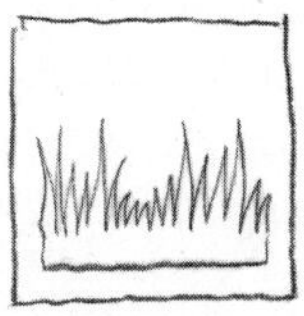 der  der 

3 Sprich die Wörter zu den Bildern deutlich.
Verbinde sie mit den richtigen Lautbildern (× = 1 Laut)
und schreibe sie auf.

×××××× ××××× ×××× × × ×

4 Wo fehlen Laute?
Sprich deutlich und streiche durch, wo ein Laut fehlt.
Schreibe dann die Wörter auf.

u B m e | pf A l e | r G a e t n | sch B | t A s

e l B u m | A l pf | e a r G n | u B sch | A s

5 Auf jedem Würfel steht eine Silbe.
Verbinde die passenden Würfel.
Sprich und schreibe die Wörter auf.

6 Erkennst du die Wörter wieder?
Sprich sie deutlich.
Gib an (×), wie viele Laute fehlen.
Schreibe auf.

××sch ☐ st ☐ s ☐ m B ☐

7 Zeige deinem Partner die Wörter,
die für dich leicht zu schreiben sind.
Lass sie dir diktieren.

8 Was gehört zusammen? Schreibe auf.

Gras Apfel Garten

Ast Baum Busch

Gärten
Bäume
Gräser
Äpfel
Äste
Büsche

9 Du kannst Sätze bilden.
Schreibe sie auf.

Maria Gras findet Apfel

Stefan malen Baum

Anna haben Birne

Tim laufen Garten

Das neue Auto

> Vor dem Haus hält ein kleines Auto.
> Die Mutter sagt:
> „Wir haben ein neues Auto."
> Lisa ruft: „Das ist schön!"

Auto Haus
haben klein
schön rufen
halten

1 Suche die neuen Wörter in der Geschichte und unterstreiche sie.

2 Sprich diese Wörter deinem Nachbarn wie ein Roboter vor.
Etwa so: r - u - f - e - n .

3 Schreibe das richtige Wort zum passenden Bild.

4 Drei neue Wörter enden mit **en** und zwei mit **n**. Schreibe sie auf.

5 Was gehört in die Lücken?
Sprich die Wörter laut und schreibe sie darunter.

Au s kl

en ön en ru

6 Geheimschrift. Erkennst du die neuen Wörter?

7 Wörter verändern sich. Ergänze.
Unterstreiche, was sich verändert hat.

das Auto – die ______ das Haus – die ______

8 Falsch verbunden: Kannst du die Silben richtig zusammensetzen? Sprich deutlich!

Au	ten
ha	to
hal	fen
ru	ben

9 Hier sind Buchstaben durcheinander gepurzelt.
Setze sie richtig zusammen.
Sprich dabei die einzelnen Laute deutlich vor.

10 Hier kannst du viele Wörter zaubern.
Sprich sie zuerst und schreibe sie dann auf.
Habt ihr alle die gleichen Wörter gefunden?

H		s
sch		en
l	au	fen
M		s
b		en
k		en

11 Purzelsätze: Sprich die Sätze und schreibe sie richtig auf.

Die Mutter	läuft	mit dem Auto	
Lisa	hält	zum neuen Auto.	vor dem Haus.
Tom	hört	das kleine Auto.	

Stefans Traum

1 Habt ihr schon einmal von der Schule geträumt?
Erzählt darüber.

In dieser _____ braucht niemand ein _____. Alle dürfen auf dem _____ liegen. Jeder _____ wann er will. Die Kinder _____ Lieder und _____ Bilder. Alle _____ gerne da, weil es ihnen _____ geht.

Schule
bleiben
gut
Buch
singen
malen
reden
Boden

2 Setze die Wörter richtig ein.

3 Welche acht Wörter
hat die Schlange verschluckt?
Lies und sprich genau,
setze Striche und schreibe auf.

4 Kannst du diese Wörter richtig ergänzen?
Sprich sie deutlich und prüfe, welche Laute du einsetzen musst.

b.ei..n	si..en	re..n	B..en	m..en
e l t r b	m ng d	d e f	o l d n	n a l r
_____	_____	_____	_____	_____

5 Du kannst immer zwei Reimwörter aufschreiben.
Sprich die Wortpaare deutlich.

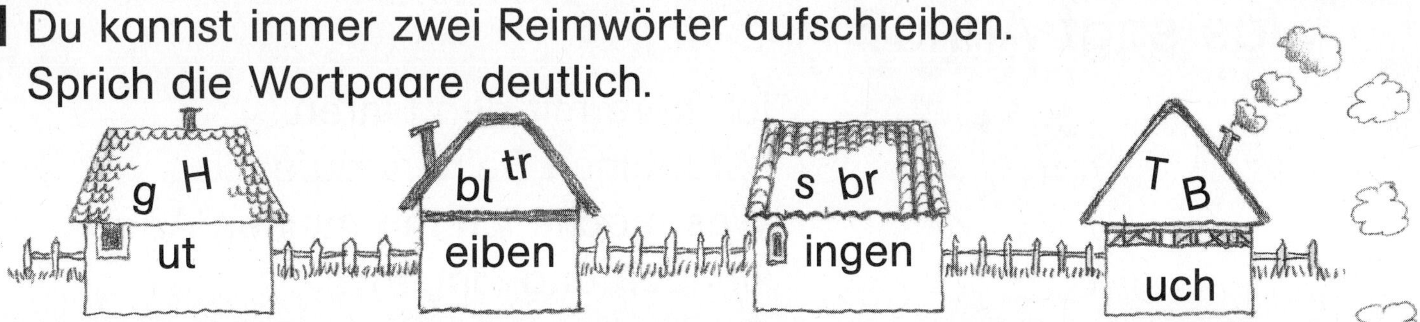

6 In den Luftballons stecken Silben.
Setze sie richtig zusammen.
Sprich die Silben dabei deutlich.
Du erhältst sechs Wörter.

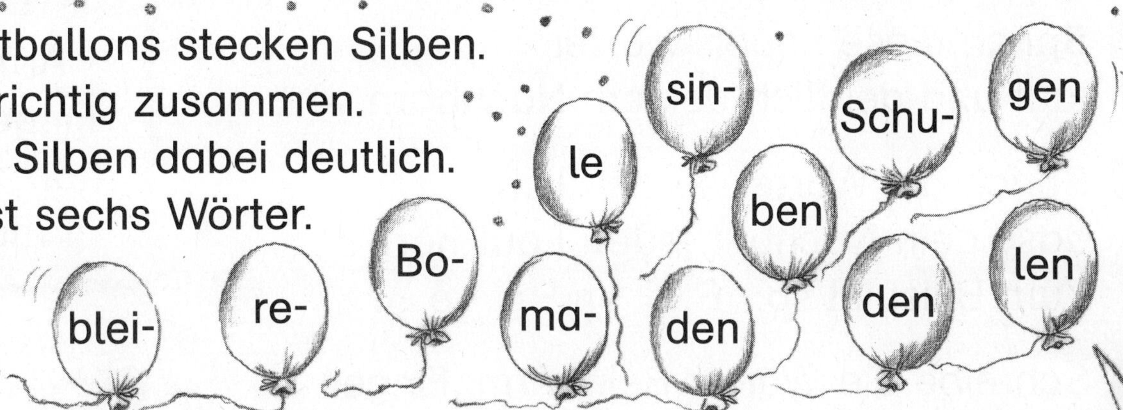

7 Setze zusammen und schreibe auf.

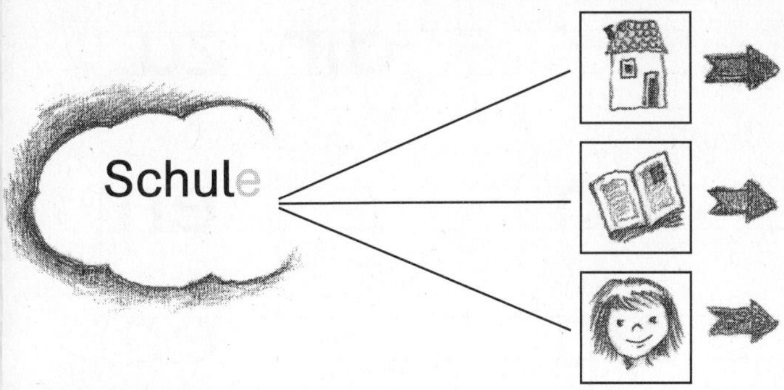

8 Übe richtig abschreiben.
Stefan bleibt gerne ☺ in der Schule. ☺
Er kann gut singen ☺ und malt ☺
schöne Bilder. ☺ Mit den Kindern ☺
redet er ☺ über seine Bücher.

Was sagt Anna?

Ich höre mit den Ohren.
Mit meinen Beinen laufe ich.
Was mache ich mit meinen Armen,
Händen und Fingern?

1 Was sagt Anna? Erzähle es deinem Nachbarn.

2 Sprich diese neuen Wörter
laut und deutlich deinem Nachbarn vor:

Arm Bein
Finger sagen
hören laufen
machen

3 Sprich die Wörter so deutlich,
dass dein Nachbar jeden Laut hört.
Zum Beispiel so: F - i - n - g - e - r .

4 Schreibe die Wörter Bein, Arm, Finger
neben das richtige Bild.

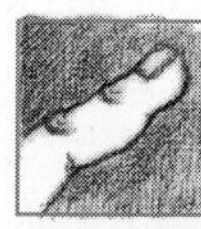

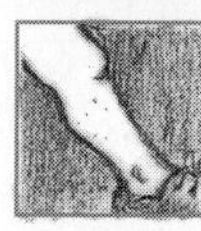

5 Was macht Anna?
Sie sagt:

Ich ______ zu dir.

Ich ______ dir zu.

6 Schreibe die Wörter auf,
die am Wortende
gleich sind,
und sprich deutlich.

______en ______en

______en ______en

7 Mit diesen Wörtern kannst du Reimwörter bilden.
Sprich sie laut vor und schreibe sie auf.

fein tragen lachen kaufen

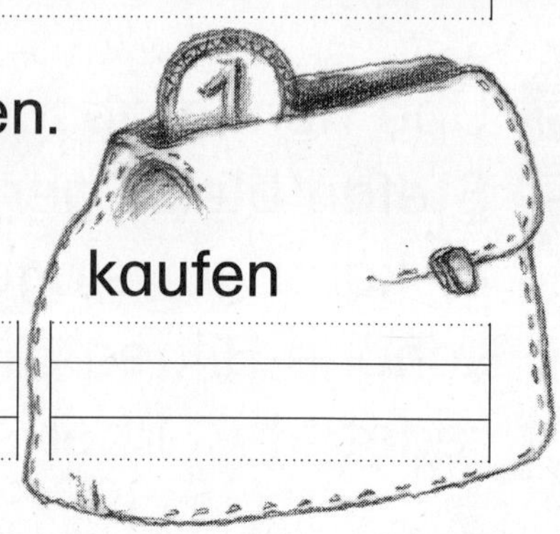

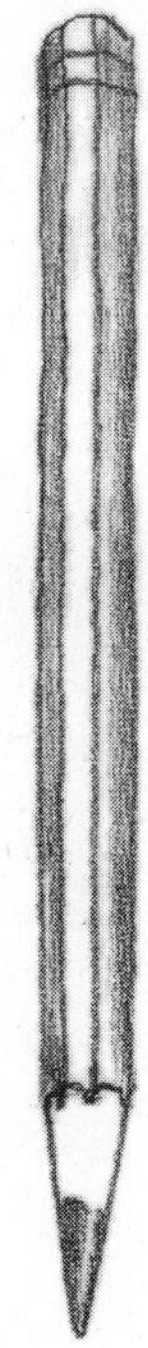

8 Erkennst du die Wörter wieder?
Sprich sie deutlich und schreibe sie auf.

sa[redacted] ma[redacted] hö[redacted] lau[redacted]

A[redacted] Fi[redacted] B[redacted]

9 Wörter verändern sich.
Schreibe auf und unterstreiche,
wo sich etwas verändert hat.

 ein

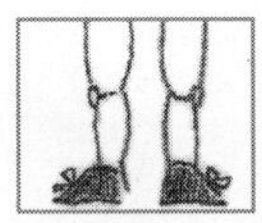 zwei

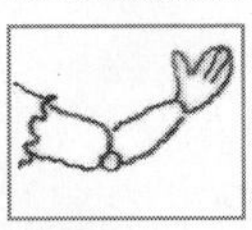 ein

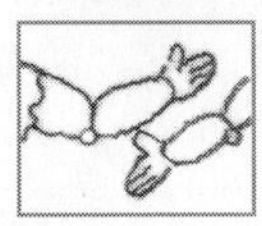 zwei

10 Bei welchen Wörtern sagst du …?

der der das

11 Welche Wörter kannst du bilden?
Schreibe sie auf und erkläre sie deinem Nachbarn.

j
n
fr
s
agen

12 Nina hat eine schöne Puppe.
Schreibe in Sätzen auf,
wie sie aussieht.

Kennt Maria die Farben?

In ein weißes Gesicht malt Maria eine blaue Nase, gelbe Augen, rote Ohren und einen grünen Mund. Der Hals ist schwarz und braun. Da lacht Stefan.

1 Warum lacht Stefan? Sprecht darüber.

2 Unterstreiche die Wörter, die eine Farbe angeben. Schreibe sie richtig ab.

3 Erkennst du die Wörter im Malkasten? Fahre sie nach und male richtig aus.

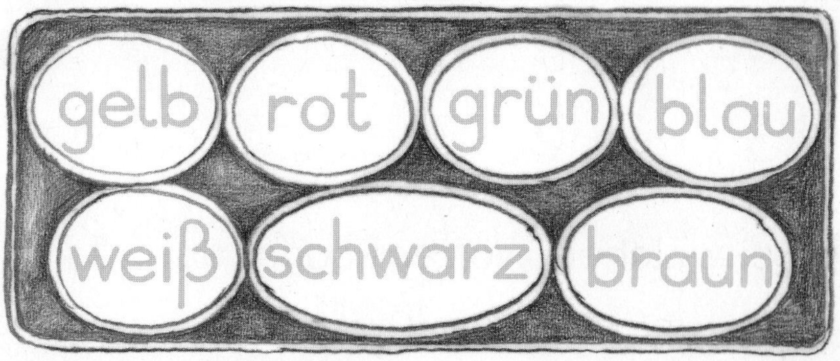

4 Sprecht darüber, was alles rot, grün, weiß, schwarz, gelb, blau und braun ist.

5 Lass deinen Nachbarn deine Lieblingsfarbe erraten. Beschreibe ihm dazu Dinge in deiner Lieblingsfarbe.

6 Schau genau hin und sprich jedes Wort deutlich. Es fehlt immer ein Laut. Setze ein und schreibe die Wörter auf.

g.ün   gel.   b.aun   b.au   schwa.z

7 Verzauberte Wörter! Wie heißen sie richtig?
Sprich deutlich Laut für Laut. Trage für jeden Laut ein × ein. Schreibe dann.

blau
×× ×

8 Welches Wort reimt sich hier?
Setze ein: heiß – ______ Der Schnee ist ______.

Markiere die Stelle, die du dir merken musst.

9 Erkennst du die Wörter auch hier wieder?

10 Welche Farben passen?
Sprich deutlich und setze die Wörter richtig ein.

blau
grün
braun
weiß

Die Sonne scheint vom ______ Himmel.

Wir spielen auf der ______ Wiese.

Mir gefallen die ______ Blüten.

Wird deine Haut in der Sonne ______?

11 Übe richtig abschreiben.
Lies zuerst den Satz,
merke dir dann einen Teil.
Schreibe danach auf.
Vergleiche nun.

Es gibt schwarze ☺
und weiße Katzen.
Du hast ☺ einen roten Mund.
Annas Augen ☺ sind blau.

Bist du das?

1 Wohin gehören die Wörter? Trage sie richtig ein.

2 Male dein Gesicht oder klebe ein Foto ein.
Schreibe die Teile deines Gesichtes auf,
die du darauf siehst.

3 Erzähle deinem Nachbarn, wie dein Gesicht aussieht.
Verwende die Wörter,
die du geschrieben hast.

Meine …

Ich habe …

4 Erkennst du die Wörter wieder, die hier versteckt sind?

Ohr Auge Hals Mund Kopf

5 Schreibe die Wörter auf, die sich reimen.

Hase Topf Licht Hund

6 Sprich die Wörter zu den Bildern deutlich,
dann hörst du jeden Laut.
Prüfe die Wörter: Für jeden Laut steht unten ein ×.
Schreibe dann die Wörter auf.

× ×× ×××× ×××× × × ××××

7 In diesen Wörtern fehlen immer zwei Laute.
Sprich die Wörter deutlich und schreibe sie richtig auf.

N××e Au×× Mu×× Ha××

8 Welche Wörter gehören zusammen?
Verbinde sie mit Strichen.
Sprecht über die Stellen in diesen Wörtern,
die ihr euch merken müsst, und malt sie an.
Schreibe die Wörter nun hier auf.

Ohr Kopf
Köpfe Ohren

das die der die

9 Bei welchen Wörtern sagst du …?
Schreibe sie auf.

die

der

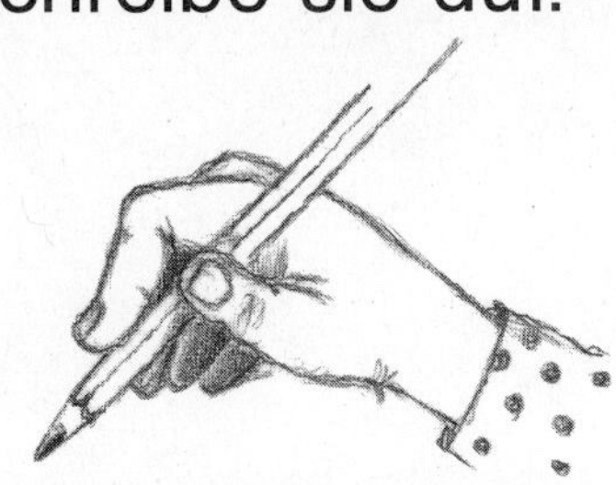

das

10 Du kannst Sätze bilden.
Schreibe drei auf.

Mit	meinem	Augen	kann ich	reden.
Meine	meinen	Mund	bin ich	hören.
	meiner	Nase	sind	zufrieden.
		Ohren		sehen.
		Gesicht		riechen.
				blau.

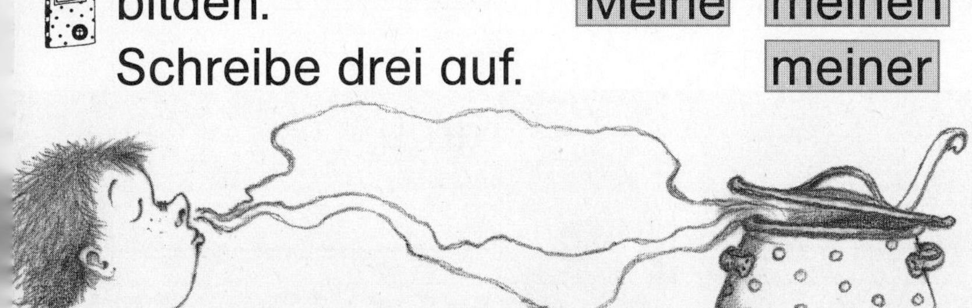

Verschiedene Familien

Vater Mutter
Kind Eltern
Name
Mann Frau

1 Du kannst hier ein Bild deiner Familie einkleben oder deine Familie zeichnen.

2 Erzähle deinem Nachbarn eine Geschichte zu den Bildern. Verwende dabei die neuen Wörter.

3 Lies die neuen Wörter deinem Partner laut vor. Was fällt dir auf?

4 Welche drei Wörter kannst du so aufschreiben, wie du sie Laut für Laut sprichst?

5 Diese Wörter haben bestimmte Stellen, die du dir besonders merken musst. Sprich mit deinem Partner darüber und unterstreiche diese Stellen farbig.

Vater Mutter Kind Mann

6 Du kannst reimen. Schreibe Mitsprechwörter mit roter Farbe und Wörter mit Merkstellen mit blauer Farbe.

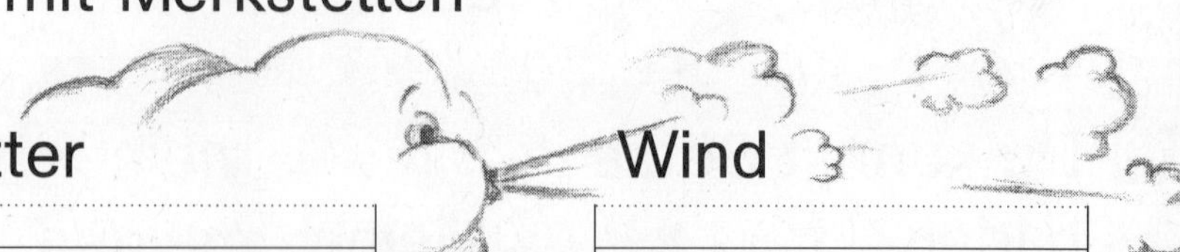

Kater

Butter

Wind

Dame

kann

grau

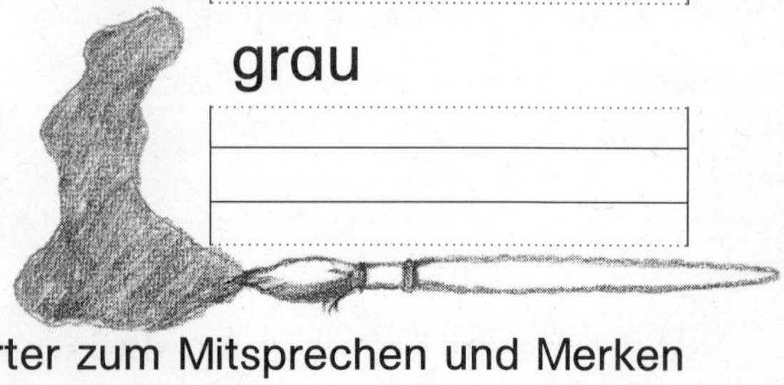

7 Sprich die folgenden Wörter nach Silben und klatsche dazu in die Hände.

Va-ter Mut-ter El-tern Na-me

8 Hier sind Silben falsch zusammengesetzt. Schreibe die Wörter richtig auf. Sprich die einzelnen Silben deutlich.

Vatern Mutme Elter Nater

9 Erkennst du die Wörter noch? Sprich sie laut und deutlich und schreibe sie auf.

Mu er tern

ater au ame Ma Ki

10 Hier haben sich Wörter versteckt. Baue die Buchstaben richtig zusammen, sprich das Wort laut und schreibe es auf.

t l n e E r t e u r M t

F au r a n M n e a m N d i K n V t e a r

11 Welche Wörter kannst du zusammensetzen? Sprich sie und schreibe sie auf. Habt ihr alle die gleichen Wörter?

Eltern	name
Frauen	mutter
Kinder	tag
Mutter	gesicht
Tages	haus

12 Erzähle zu jedem Wort einen kurzen Satz.

Kennst du die Tiere?

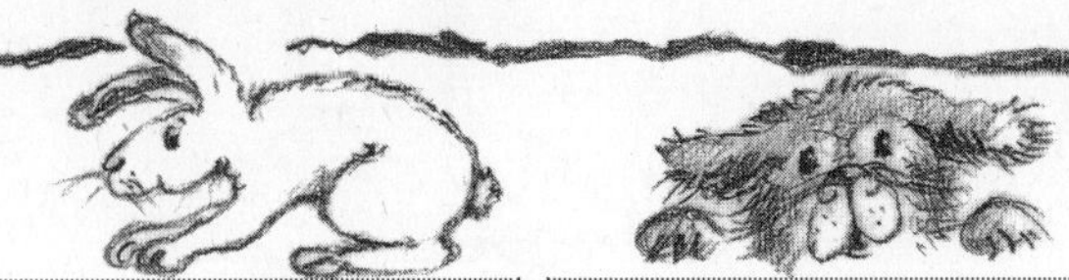

1 Nenne die Namen der Tiere auf den Bildern und schreibe sie auf.

2 Erzähle, was du über diese Tiere weißt. Welches wünschst du dir als Haustier?

3 Erkennst du die sieben Tiere? Schreibe sie richtig auf.

4 Einige Tiernamen kannst du leicht schreiben, wenn du sie deutlich sprichst.

× × × ×　　× × ×　　× × × ×　　× × × ×

5 Lass dir diese Wörter diktieren. 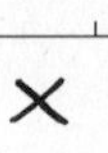

6 Welche Wörter hat die Schlange verschluckt?
Lies genau und schreibe sie auf.

HASEHUNDVOGELKUHKATZEMAUS

7 Welche Wörter hat sich Stefan denn da gemerkt?
Schreibe sie auf und markiere die Stelle,
an der du aufpassen musst.

Ich merke mir:
V, uh, tz.

8 Seltsame Tiere:
Wer versteckt
sich hier?

Entogel = ______ und ______

Hamaus = ______ und ______

Katzuh = ______ und ______

9 Sprich die folgenden Wörter und höre immer auf das **E/e**.
Sprecht darüber, wie verschieden es klingt.

Ente Hase Vogel Katze Eltern Blume Mutter es

10 Ein Rätsel:
Setze richtig ein.

Der ______ bellt im Haus.

Die ______ fängt eine Maus.

Die ______ gibt Milch.

Der ______ sitzt im Nest.

11 Übe richtig abschreiben.
In Florians Buch ☺ sind schöne Bilder ☺ von Tieren. ☺
Sie zeigen Enten, ☺ Hasen, Kühe und Vögel ☺
und einen Hund. ☺ Die Katze ☺ fängt eine Maus.

Von eins bis zehn

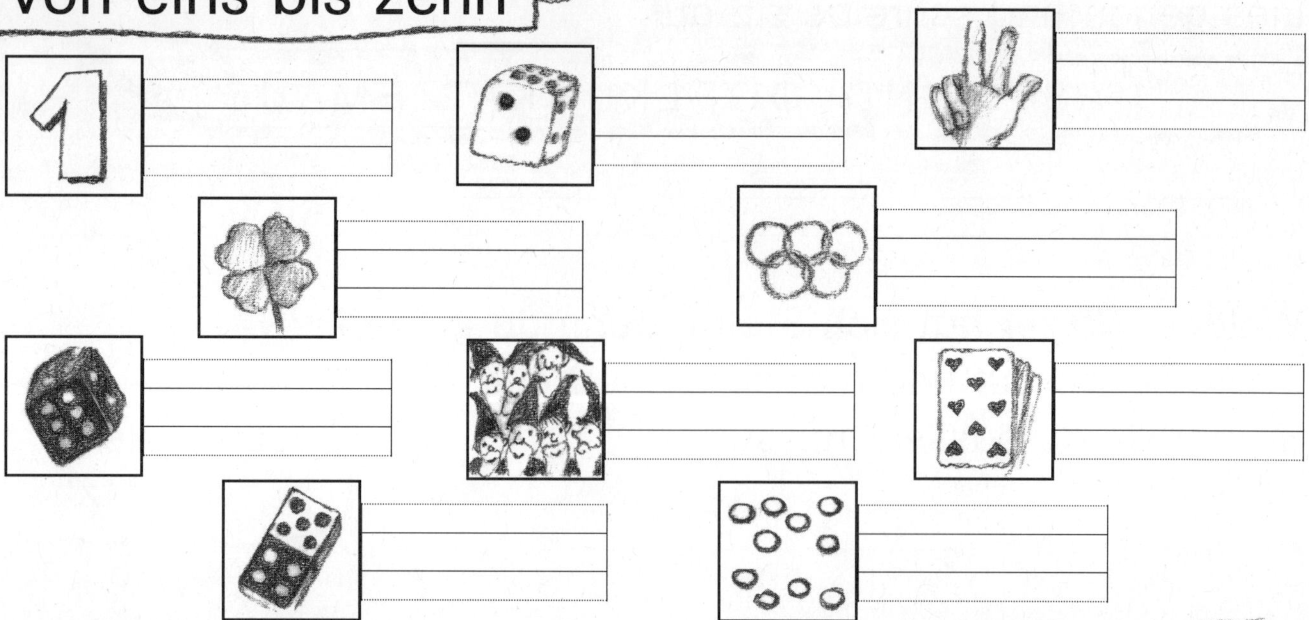

1 Die Bilder verraten dir Zahlen.
Lies sie deinem Nachbarn laut vor.

eins zehn vier fünf
acht neun zwei
sechs drei sieben

2 Trage die Wörter oben richtig ein.

3 Schreibe auf, wie viele Punkte die Würfel zeigen.

4 Schreibe die fünf Wörter auf, die du so schreibst,
wie du sie Laut für Laut sprichst.

5 Welche Wörter passen hier? Ergänze sie.

ei ei ei ie ie

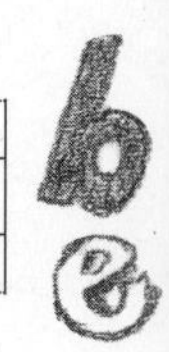

6 Welche Wörter schreibst du hier auf?

mit ü: mit eu:

mit h: mit ch:

7 Unterstreiche die Merkstellen <u>ie</u>, <u>chs</u>, <u>eu</u>, <u>h</u> in den folgenden Wörtern.
sechs vier acht zehn neun sieben

8 So ein Durcheinander!
Schreibe die Lernwörter richtig auf.

ei n s | n e h z | ch a t | ei d r | ü f f n

n ie e b s | ei z w | ch s s e | n n eu | ie r v

9 Was fehlt bei dem Auszählvers? Setze die Wörter richtig ein.

Eins und ______, du bist frei,
______ und ______, bleibe hier,
fünf, sechs, ______ hier geblieben!
Und bei ______? Evi lacht.

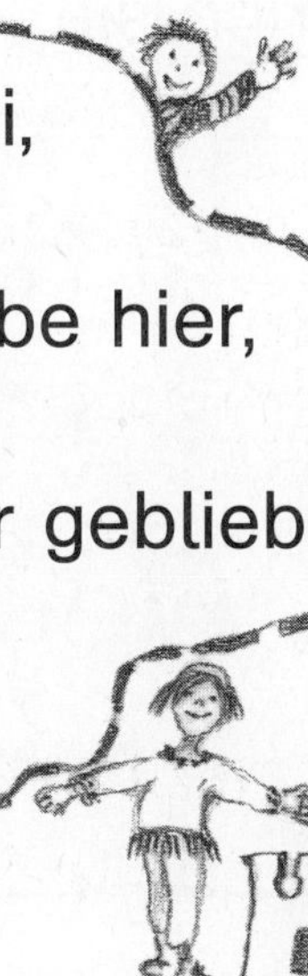

10 Du kannst vier Sätze bilden. Schreibe sie auf.

Eine Hand	habe	sieben	Augen.
Im Garten	hat	zehn	Tage.
Ich	hat	zehn	Tage.
Ich	hat	fünf	Bäume.
Eine Woche	stehen	zwei	Finger.

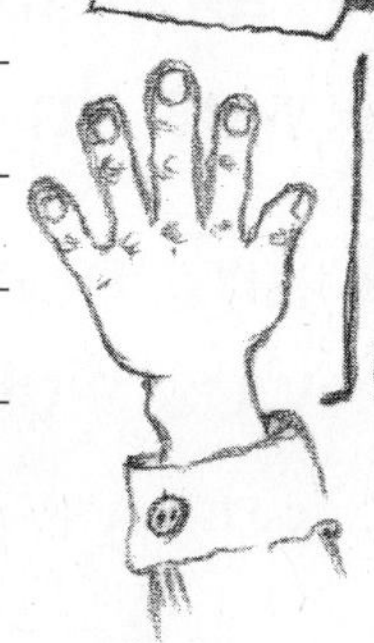

11 Lass dir die Wörter von deinem Nachbarn diktieren.
Vergleiche dann, ob du sie richtig geschrieben hast.

12 Kennst du einen Auszählvers mit Zahlen?
Sage ihn deinem Partner vor und schreibe ihn auf.

Im Garten

1 Lies die neuen Wörter laut vor.

2 Erzähle zu dem Bild eine kleine Geschichte.
Verwende die neuen Wörter.

3 Fahre die neuen Wörter unten farbig nach.
Sprich sie leise mit.

suchen Blüte
Bach lachen
Blatt Weg
Ball fein

suchen	lachen	Bach	Blüte
lachen	Ball	suchen	Blatt
Weg	Blatt	fein	Ball
Bach	Blüte	Weg	fein

4 Sprich deinem Nachbarn laut und deutlich vor: Ball, Blatt.
Höre auf den **a**-Laut und unterstreiche,
was du dir merken musst.

5 Ergänze und unterstreiche,
was sich verändert hat.

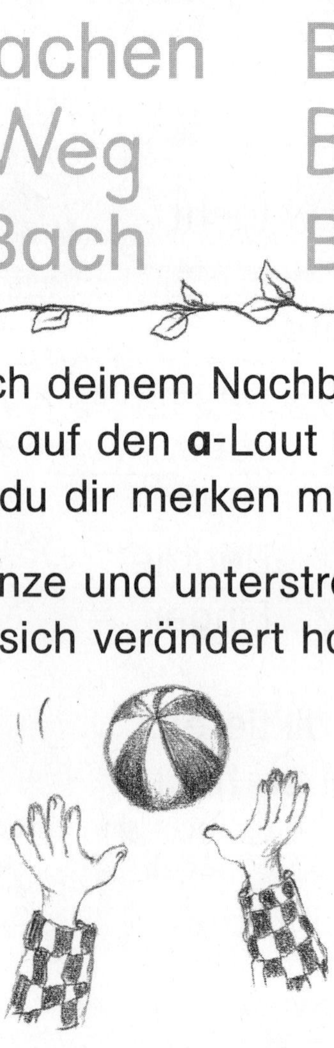

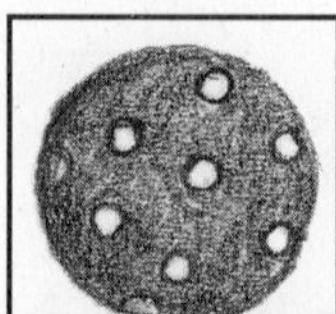

Der B

Die B

6 Du kannst reimen! Finde die dazu passenden Mitsprechwörter.

Kuchen   machen   Fach   klein   hüten

7 Schreibe die Wörter mit dem ch-Laut untereinander und sprich leise mit.

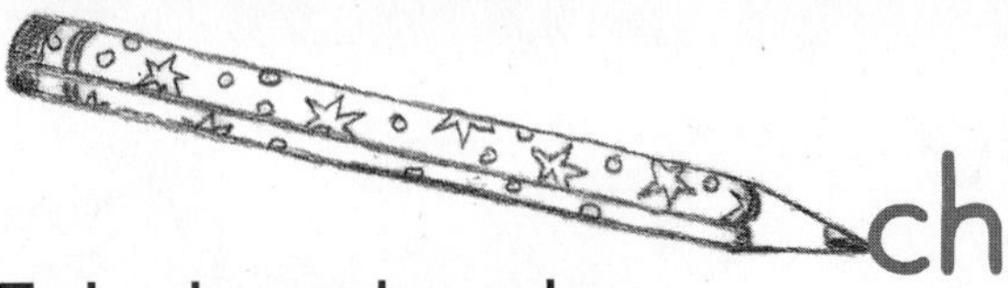

8 Falsch verbunden:
Sprich die lustigen Wörter laut vor.
Schreibe sie dann richtig auf.

Wechen   laten   Blüter   Blätge

9 Kannst du auch solche lustigen Wörter aus den folgenden Silben bilden?
Schreibe sie auf und gib sie deinem Partner als Rätsel.

chen   chen   ten   ter   su   la   Blü   Blät

10 Erkennst du die Wörter in den Blättern?
Ergänze die fehlenden Buchstaben, sprich deutlich und schreibe das Wort nochmals auf.

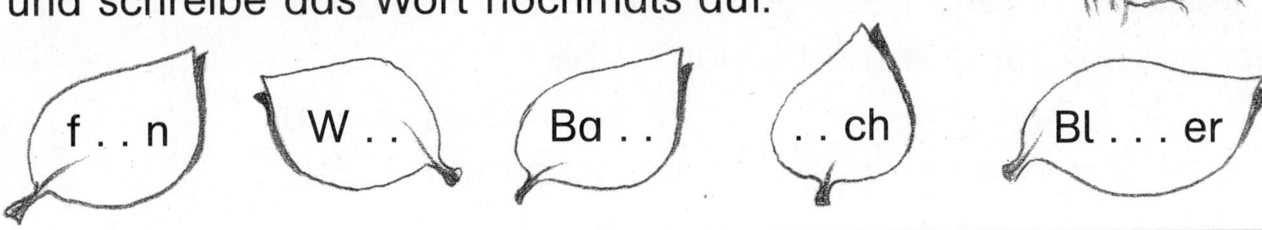

11 Drei Wörter haben **en** am Ende.
Schreibe sie auf und sprich dabei leise mit.

12 Achtung, hier verändert sich etwas!
Schreibe auf.
Unterstreiche, was sich verändert hat.

 der	 die
 der	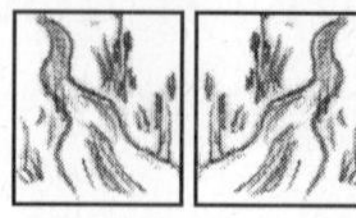 die
 das	 die

13 Lies die Geschichte
und schreibe die richtigen Wörter auf.

Der Baum trägt viele  ________

und  ________.

Stefan sucht seinen 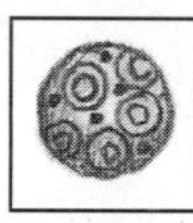 ________.

Enten schwimmen im  ________.

Maria ist auf dem  ________ zur Schule.

14 Der Laut **a** klingt nicht immer gleich. Sprich die Wörter deutlich und höre auf den Unterschied.
Unterstreiche lang gesprochene **a** mit roter Farbe,
kurz gesprochene **a** mit blauer Farbe.

Ball Blatt Katze
halten Mann machen

Hase haben Name
Vater sagen Nase

15 Lass dir von deinem Partner folgende Sätze diktieren.

Maria und Nele suchen ☺ ihren Ball am Bach. ☺
Sie finden ihn aber ☺ auf dem Weg ☺
neben dem Baum ☺ und lachen.

Vergleicht jetzt miteinander,
ob alle Wörter richtig geschrieben sind.

Ein Rätsel

Wer weiß am schnellsten, wie ich heiß?
Ich bin mal laut und auch mal leis.
Ich blas euch manchmal ins Gesicht,
doch böse bin ich auf euch nicht.
Ich treibe es mal bunt, mal wild.
Doch findet ihr von mir kein Bild.
Inzwischen kennt mich jedes Kind.
Sonst frag und sag es dann: der Wind

du bist

1 Ihr habt das Rätsel bestimmt schon gelöst.
Was wisst ihr noch über den W…?
Sprecht darüber.

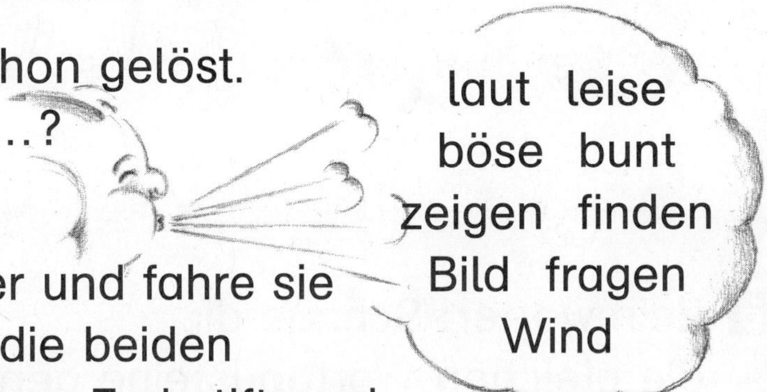

2 Suche die sechs Mitsprechwörter und fahre sie mit einem Farbstift nach. Fahre die beiden anderen Wörter mit einem anderen Farbstift nach.

M	F	I	N	D	E	N	A
F	A	B	L	A	U	T	G
U	M	B	Ö	S	E	N	T
A	B	U	N	T	L	F	E
T	E	F	R	A	G	E	N
A	Z	E	I	G	E	N	E
B	L	E	I	S	E	N	T
K	L	B	I	L	D	A	R

3 Sprich diese Wörter so deutlich, dass du jeden Laut hörst.
Male für jeden Laut ein ×.

böse bunt fragen zeigen laut

4 Welche Wörter gehören zu diesen Lautbildern?

× × × ×××××× ××××× ××××××

5 Was hat der Wind mit diesen Wörtern gemacht?
Baue sie auf und sprich dabei deutlich.

6 Reimwörter: Schaue dir
die gleichen Wortbausteine genau an
und schreibe die Wörter auf.

W	ind	f	inden	fr	agen	z	eigen
K		b		tr		st	

7 Welche Silben gehören zusammen?
Sprich deutlich und schreibe die Wörter auf.

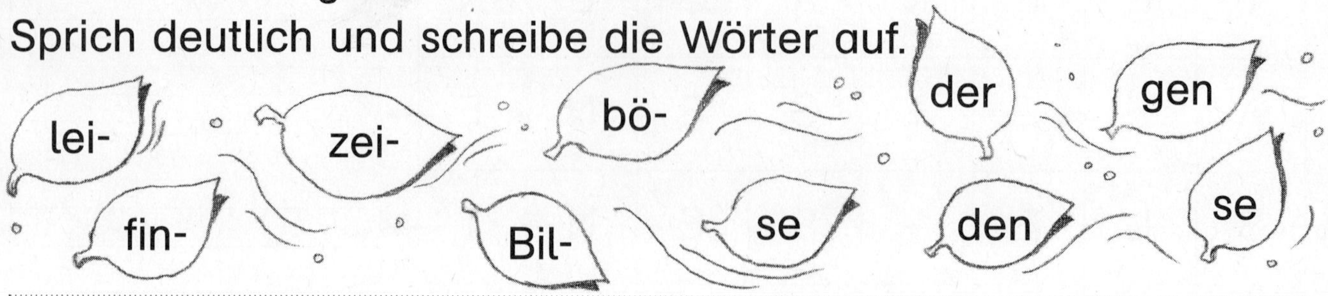

8 Du kannst neue Wörter bilden.
Sprecht über ihre Bedeutung.

9 Schreibe sie auf
und bilde dann
Sätze mit ihnen.

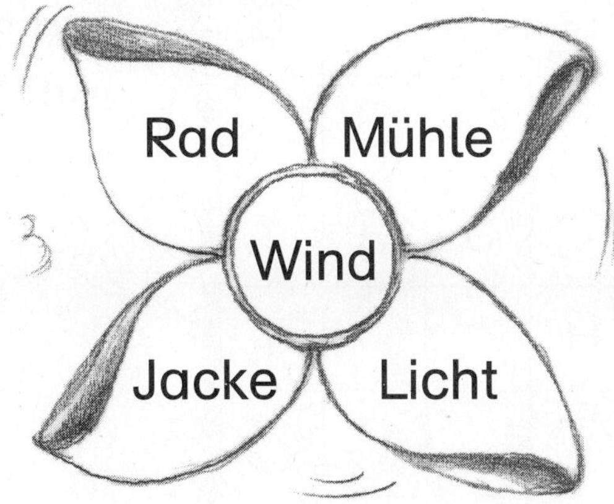

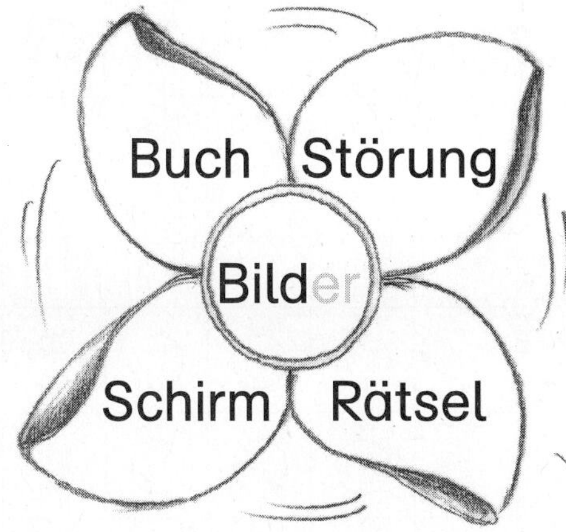

10 Welche Wörter sind für dich leicht?
Lass sie dir von deinem Nachbarn diktieren.

11 Drei Wörter haben die Endungen **en**.
Sprich sie und schreibe sie auf.

12 Suche im Wörterverzeichnis auf Seite 36 weitere Wörter,
die mit **en** enden und schreibe sie auf.

13 Bilde Sätze. Schreibe drei davon auf.

fragen / fragt — Tom / Sie — nach dem Bild.

zeigt / zeigen — Anna / Wir — das bunte Windrad.

finden / findet — Anna / Die Kinder — das Buch schön.

Ein Suchspiel

G			S	☺	G			B
	☺	☺	☺	☺	☺	☺	☺	
S				N	☺	S	☺	
	☺	☺	☺	☺	H			T
	☺	☺	☺		☺		☺	☺
	☺	☺	W		L		☺	☺
T	☺	☺	☺		☺	☺	☺	☺
☺	☺	☺	☺		U			☺
☺	L	☺	☺		☺	☺	☺	Ä
B				N	☺	A		
☺		☺	I	☺	☺	☺	☺	
☺		☺	☺	B				E

In diesem Suchspiel sollst du insgesamt 16 Wörter ergänzen.

1 Trage mit einem Farbstift diese Wörter in Großbuchstaben richtig ein. Du hast sie schon früher gelernt.

Gesicht · Gras · Äste · Bälle · sagen · aus · gelb

2 Trage nun mit einem anderen Farbstift die neuen Wörter auch so ein.

3 Sieben Wörter sind Mitsprechwörter. Lies sie deinem Partner deutlich vor. Zum Beispiel so: d - a - n - k - e - n .

5 Schreibe zwei Wörter auf, die mit **d** enden.

6 Suche im Wörterverzeichnis auf Seite 36 weitere Wörter, die mit **d** enden. Schreibe sie auf.

7 Reime: Welche vier Mitsprechwörter schreibst du auf?

rot | Sturz | schauen | zwei

8 Wir verzaubern Wörter.
Ändere den ersten Buchstaben und finde neue Wörter.
Schreibe sie auf und erkläre sie deinem Nachbarn.

S, L, W, H — and

l, G, H, Ges — ang

d, z, t — anken

b, Fr, k — auen

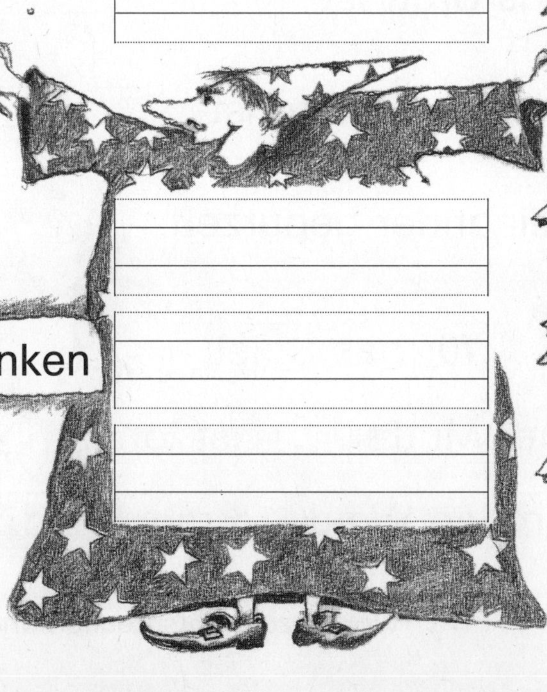

9 Der besondere Laut: ei

In jedem Hut stecken vier Wörter mit **ei**.

Schreibe sie auf.

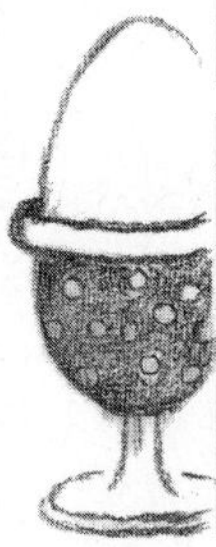

10 Vergleiche und setze dabei

lang – länger,
kurz – kürzer,
hart – härter

richtig ein.
Unterstreiche den Buchstaben, der sich verändert hat.

Dieses Kleid ist

Dieser Rock ist

Stefans Haare sind

Tims Haare sind

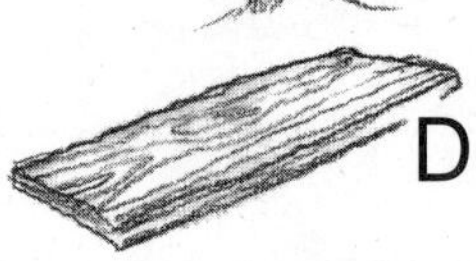

Das Brett ist

Die Steinplatte ist

11 Hier sind Satzbausteine durcheinander gepurzelt.
Schreibe die Sätze richtig auf.

Der Weg	bauen ein Haus	für das Spiel.
Maria und Sonja	bei seiner Mutter	ist lang.
Stefan bedankt sich	durch den Wald	aus Sand.

Unterscheide ähnlich klingende Wörter

1 Sprich die Wörter deutlich
und höre auf den Unterschied.

G/g

arten
esicht
ras
elb
rün
ut

K/k

lein
urz
ind
opf
atze
uh

2 Schreibe diese Wörter nun so geordnet auf:

Ein Suchbild.
Findest du
die zehn Unterschiede?

Rätselseite

1 Findest du die Lösung?
Trage Wörter ein, die du gelernt hast.

1 Gegenteil von Frau.
2 Du kannst darin lesen.
3 Ein Tier, das Mäuse fängt.
4 Das gibt es beim Bäcker.
5 Darin wachsen Blumen.
6 An jeder Hand hast du fünf.

Die Buchstaben in den dick umrahmten Kästchen ergeben das Lösungwort: Es ist die ______.

2 Findest du die sechs Wörter, die das Gegenteil bedeuten?

klein heiß böse laut schön weiß

Hier stehen Wörter, die sagen, wie etwas ist:

Gegenteil

leise

kalt

gut

groß

schwarz

hässlich

Rätselseite

1 Findest du immer zum richtigen Ziel?

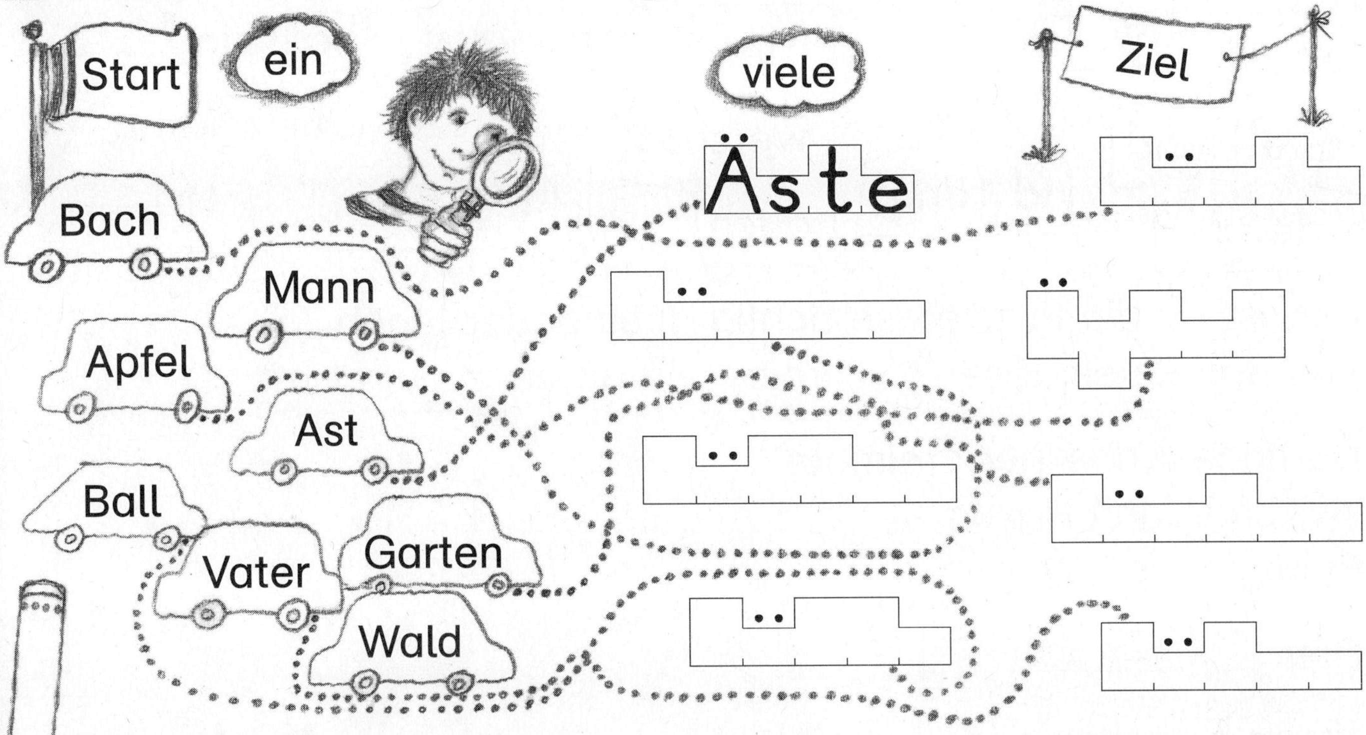

Fahre die richtigen Wege farbig nach, sprich die Wörter und trage sie ein.

2 Welche Wörter gehören zusammen?

Trage die richtigen Ziffern ein und schreibe die zusammengesetzten Wörter auf: das Kinderbild, ...

Rät sel sei te

Tier ist | Fell und | in der Na

tier. Es | ren. E | nd fängt

Mein | weiches | auch

ein Haus | spitze Oh | cht sehen u

hat ein | s kann | Mäuse.

1 Kannst du die Puzzleteile richtig aneinander legen und das Rätsel lösen? Schreibe die Sätze in dein Heft.

2 Du findest das Tier dreimal zwischen den Hasen. Male es an.

Drei ______________

sitzen zwischen den Hasen.

3 Welcher Würfel passt zu den Wortteilen in Spiegelschrift? Schreibe immer zwei Wörter auf.

bni
əsɒ
bnu

4 Welche Wörter werden von der Rauchwolke verdeckt? Trage sie in den Wagen ein und schreibe den Satz auf.

mit läuft Mutter Garten

Wörterliste 1

Hier kannst du die Wörter noch einmal üben, die du deutlich sprechen musst.

Sprich deutlich, fahre nach und setze für jeden Laut ein ×.	Sprich deutlich und setze die Wortteile richtig zusammen.	Sprich deutlich und setze die fehlenden Buchstaben ein. Schreibe das Wort.	Bilde die Mehrzahl.
Auge ×	ge Au	Au . .	meine beiden × ×××
Auto ×	to Au	Au . .	drei × ×××
Birne ×	ne Bir	Bi . . e	zwei ××××××
Blume ×	me Blu	B . . . e	ein Strauß ××××××
Garten ×	ten Gar	Ga . . . n	viele ·· ××××××
Gesicht ×	sicht Ge	Ges	zwei ×××× × ×××
Gras ×	as Gr	G . . s	viele ·· ××××××
Nase ×	se Na	N . . .	verschiedene ×××××

Wörterliste 2

Hier kannst du die Wörter noch einmal üben, die du deutlich sprechen musst.

Fahre das Wort nach, sprich es Laut für Laut und schreibe es auf.	Sprich deutlich und setze die Wortteile zusammen.	Sprich deutlich und baue das Wort auf.	Bilde die Mehrzahl.
 Bach × × ×	ach B der	a ch B d . .	viele breite . . × × × ×
 Blüte × × × × ×	te Blü die	 l e ü B t d . .	viele bunte 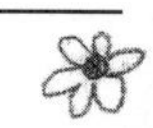 . . × × × × × ×
Boden × × × × ×	den Bo der	n e o d B d . .	viele glatte . . × × × × ×
Brot × × × ×	ot Br das	 o r t B d . .	viele gute × × × × ×
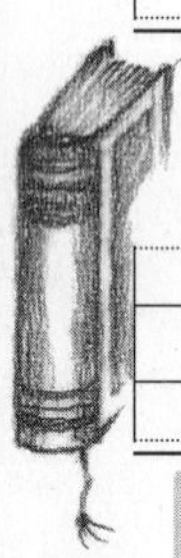 Buch × × ×	uch B das	 u ch B d . .	viele lustige . . × × × × ×
 Ente × × × ×	te En die	 n e E t d . .	viele kleine × × × × ×
 Hase × × × ×	se Ha der	 a e H s d . .	viele schnelle × × × × ×
Schule × × × ×	le Schu die	 e Sch l u d . .	viele große × × × × ×

Wörterliste 3

Hier kannst du die Wörter noch einmal üben, die du dir merken musst.

Schau das Wort genau an, schreibe ab. Fahre die Merkstelle nach.	Schau genau hin und schreibe das verdeckte Wort auf.	Ergänze das Wort und schreibe es auf.	Welche Wörter sind hier versteckt? Schreibe sie auf.
Ohr	das	das O	
Vater	der	der V	
weiß		w	
Kuh	die	die K	
sechs		s	
sieben		s	
Vogel	der	der el	
zehn		z n	

Diese Wörter hast du gelernt

A/a
- [ ] acht
- [ ] Apfel
- [ ] Arm
- [ ] Ast
- [ ] Auge
- [ ] Auto

B/b
- [ ] Bach
- [ ] Ball
- [ ] bauen
- [ ] Baum
- [ ] Bein
- [ ] Bild
- [ ] Birne
- [ ] Blatt
- [ ] blau
- [ ] bleiben
- [ ] Blüte
- [ ] Blume
- [ ] Boden
- [ ] böse
- [ ] braun
- [ ] Brot
- [ ] Buch
- [ ] bunt
- [ ] Busch

D/d
- [ ] danken
- [ ] drei

E/e
- [ ] Ei
- [ ] eins
- [ ] Eltern
- [ ] Ente

F/f
- [ ] fein
- [ ] finden
- [ ] Finger
- [ ] fragen
- [ ] Frau
- [ ] fünf

G/g
- [ ] Garten
- [ ] gelb
- [ ] Gesicht
- [ ] Gras
- [ ] grün
- [ ] gut

H/h
- [ ] haben
- [ ] halten
- [ ] Hals
- [ ] hart
- [ ] Hase
- [ ] Haus
- [ ] hören
- [ ] Hund

K/k
- [ ] Katze
- [ ] Kind
- [ ] klein
- [ ] Kopf
- [ ] Kuh
- [ ] kurz

L/l
- [ ] lachen
- [ ] lang
- [ ] laufen
- [ ] laut
- [ ] leise

M/m
- [ ] machen
- [ ] malen
- [ ] Mann
- [ ] Maus
- [ ] Mund
- [ ] Mutter

N/n
- [ ] Name
- [ ] Nase
- [ ] neun

O/o
- [ ] Ohr

R/r
- [ ] reden
- [ ] rot
- [ ] rufen

S/s
- [ ] sagen
- [ ] Sand
- [ ] sechs
- [ ] sieben
- [ ] singen
- [ ] suchen
- [ ] schön
- [ ] Schule
- [ ] schwarz

V/v
- [ ] Vater
- [ ] vier
- [ ] Vogel

W/w
- [ ] Wald
- [ ] Weg
- [ ] weiß
- [ ] Wind

Z/z
- [ ] zehn
- [ ] zeigen
- [ ] zwei